붉음이 제 몸을 휜다

김유석 시집

상상인 시선 002

상상인 시선 002
붉음이 제 몸을 휜다

초판 1쇄 발행 | 2020년 1월 2일

지 은 이 | 김유석
펴 낸 곳 | 도서출판 상상인
큐레이터 | 이승희 박지웅
뉴크리에이터 | 이만섭 우남정 진혜진
등록번호 | 제572-96-00959호
등록일자 | 2019년 6월 25일
주   소 | 06620 서울시 서초구 서초대로74길 29, 904호
전화번호 | 010-7371-1871
전자우편 | ssaangin@hanmail.net

ISBN 979-11-963625-1-5 (03810)

값 10,000원

* 이 책은 전부 또는 일부 내용을 재사용하려면 반드시 저작권자와 도서출판 상상인의 동의를 받아야 합니다.
* 이 도서의 국립중앙도서관 출판시도서목록(CIP)은 서지정보유통지원시스템 홈페이지(http://seoji.nl.go.kr)와 국가자료공동목록시스템(http://www.nl.go.kr/kolisnet)에서 이용하실 수 있습니다. (CIP제어번호 : CIP2019051308)

* 이 시집은 교보문고와 연계하여 전자책으로도 발간되었습니다.
* 이 도서는 카카오톡 선물하기 (독서의계절)에서도 구입할 수 있습니다

붉음이 제 몸을 휜다

* 본문 페이지에서 한 연이 첫 번째 행에서 시작될 때에는 〈 표기를 합니다.

序

맨발로 무논에 들면
물렁하고 존존하고 은연한 힘이
몸에 낀다.

그렇게 살을 섞는 감정이거나

한 발을 빼면
바닥이 쑤욱 들려 나오는
그런 느낌을

나는, 적는다.

◨ 차 례

1부

부드러운 힘	019
공空	020
울음이 길고 붉다	021
마디	022
까마중	024
미필적 감정	025
울음화석	026
악력	027
유월	028
칠월 한낮	030
민달팽이 한 마리가	031
독	032

2부

잘 익은 풍경 037

천고天孤-아우 038

개뿔 040

뱀의 문장紋章을 쓰는 가계家系 042

가벼움을 팔아먹다 044

개옷 046

알리바이 048

비꽃 속에는 청개구리가 들어 있다 050

개구리가 뛰는 방향을 바꿀 때 052

막다른 골목 053

3부

이력	057
팔아먹는 슬픔	058
처서	060
종점	061
세 발 고라니	062
반갑다, 꽃뱀	064
다낭에서 온 여자	066
옛날식 석양	068
미필적 감점·2	071
미늘·3	072

4부

이슬방울 주렴珠簾	077
동그라미 포탄	078
연록戀綠	079
허공을 다는 저울·2	080
추청秋晴	082
청연靑然	083
뒤안	084
대가리는 맛있다	086
십일월	088
빈병으로 쌓은 담장	089
꽈리	090

5부

회繪	095
슬픔은 철없다	096
저, 들꽃	098
깍지	099
백혈白血	100
울음주머니	101
묵은쌀	102
「마음의 절간」이라는 메뉴	103
점정點睛	104
세한	105
계관鷄冠	106
행자	108
해설 _ 문 신(시인/문학평론가)	111

1부

부드러운 힘

둑방 밑에 버려진 토관을 호박넝쿨이 얽고 있다.

연두의 입술이 벌건 철근가닥을 핥고 있다.

잉잉거리는 벌 소리 꽃봉오리에 싸 가만히 들려주고 있다.

대낮의 관능은 남사스러워, 잎사귀 가리고

무른 젖꼭지를 물리고 있다.

몸을 뒤틀며 푸른 힘줄 옭아 넣고 있다.

공空

　유실수가 낫다는 어머니를 우겨 느릅나무 몇 뿌리 마당귀에 들인 지 수 삼 년

　안을 들여다보게 하는 소담한 홍시 몇 알 항상 가슴에 품고 사는 어머니는

　내내 매미울음이나 허투루 달아 익히다가

　늦서리 다 지도록 비질소리에 얹히는 잎새들을 성가셔하였으나

　한여름 문간 앞에 그늘을 내어놓고

　잠시 들렀다 가는 것들의 기척을 기울이던 일은

　마른 잎 태우는 연기에 휘감기는 느릅나무 저도 몰랐다.

울음이 길고 붉다

 는개에 적시는 몸이 붉다. 는개가 내려온 허공을 바닥으로 바꾸어 몸에 두르는 울음이 붉다.

 밟히면 꿈틀하는 것은 몸이 아닌 울음.

 늘였다 줄였다, 주름으로 이룬 것들의 몸은 길다. 제 살보다 무른 데만 뒷걸음질 치듯 짚어가는 그것의 울음도 가지런하게 길다.

 일획의 생, 머리에서 꼬리까지 맣는 길이 허공보다 아득하여

 는개가 오는 날은 길고 붉은 것들이 공중에서 기어 나와 운다. 지르렁 무지르렁, 묽은 초저녁 뒤안을 자기공명하며 저렇게.

마디

망설였던 거다. 한 칸 한 칸

오를 때마다 밑을 내려다본 흔적,
내리고 싶을 때 내려갈 수 있는
거기까지가 뿌리에 묶인 꿋꿋한 길이었다.

잠자리들 수평을 고르는 그쯤
잎사귀 저어 중심을 솎고
철없는 메꽃에나 감겼으면 사무쳤을 생인데

오를수록 공것 같은 허공,

오르면서 세우는 그만큼의 벼랑을 끼고
휘청거리는 순간순간이 황홀해서
그림자조차 닿을 수 없는 곳까지 와 버린 거다.

한 칸 더 쌓으면 와르르 무너질 것 같아
더 오를 수도 주저앉을 수도 없는 그쯤
어지러운 화관을 틀고

익어야 한다는 건 자기 연민의 극,

〈
바람 들어 쑤시는 마디마디
디뎌지지 않는 바닥 헛짚어 기울이며
빼빼 말라가는 수수깡들.

내려오는 길은 애초부터 없었던 거다.

까마중

감정만 남은 기억 같다. 까맣게 잊은 일들 까맣게 달고

눈이 까만 짐승이 품다 간 옛터, 술래처럼 서 있다.

까까중머리는 안 보이고 까막눈들만 말똥말똥 숨어 있는 장독 뒤

누군가 호명하면 입술이 까매질 것 같아

감정마저 눌어 가는 저쪽 세상에 대고

까마중아 까마중아, 제 이름 불러가며 새까맣게 익어 간다.

미필적 감정

하루살이 쫓아 방 안으로 끌려든 청개구리 창 열고 내보낸다. 청개구리 우화는 애처롭고

얼핏 창틀에 서성대는 쥐며느리 한 마리 꾹 눌러 죽인다. 쥐며느린 징그럽다.

애처로움 속에서 불쑥 뛰쳐나오는 징그러운 살의.

학습되었거나 저도 몰래 왜곡되거나, 한순간 저질러지는 일들의 무심함.

사소한 것들까지 괴로워해야 할 만큼 섬세하지도 난감하지도 않은 삶의 한가운데

불끈 쥔 주먹 슬그머니 풀게 하는 그것은 연민일까 징그러움일까.

밤하늘 조등 밝힌 풀벌레 울음, 잠시 서럽다.

울음화석

눈을 뜨고 죽은 배고픈 나라의 앙상한 아이처럼

저자에 오체투지로 입적했다는 어느 고승의 유해처럼

여름이 드난살던 방구석에서 쓸려 나온 청개구리 한 마리.

하루살이에 끌려왔나, 들판에 창을 달고

바깥울음 내통하던 내 설은 귀를 타고 흘러들었나

울음으로 다가와 울음으로 멀어지는 것들.

서늘하다 쓰고, 뜨겁다 고쳤다가 다시 서늘하다 적는 나를

속없는 구업口業 삼켜가며 지켜보았을 동안

몸의 푸름 다 밭아버린 딱딱한 청개구리,

그렇게 동화해 갈 수밖에 없는 밖을 향해 귀를 막고 울 때가 있다.

악력

전지剪枝하다가 본다, 제 몸통 말아 쥔 포도나무 넝쿨손들.

뜨거운 생의 한순간을 거머쥔 채 식은 망자의 손아귀 같다.

몇 번이나 허공을 젓다가 간신히 붙잡은 것

제 몸인 줄 모르고 소용돌이처럼 휘감았을 더듬이들 좀처럼 펴지질 않는다.

밑동까지 뒤틀리게 한 이 힘이 공중에 포도송이들을 매달았을 터

태양이 다 식도록 익지 않는 시디신 몇 알이 온몸을 쥐어짠 증거,

마디를 자르던 손바닥 슬며시 펴 본다. 세상에 올 때

꼬옥 말아 쥐고 울음을 터뜨리던 그 아이의 조막손에

악력을 잃은 손금들 허공으로 뻗쳐 있다.

유월

　보리밥나무 열매 속으로 붉음이 스며든다. 붉음은 유월에 익는 것들의 감정.

　비긋이 열린 마당을 적시는 눈시울이 생혈 같다. 푸른 몸에 받는 붉음은 공연히 서럽고

　빈집을 들른 저 빛은 뒤늦게 건네는 기별 같아서 마당귀 늙은 감나무의 귀가 닳고

　붉음이 제 몸을 휜다. 가지 아래 더운 숨결이 고인다.

　그늘을 쓰면 해묵은 배고픔이 내려 얹히는 한 철

　저 붉음은 어디서 오는가, 보리누름 들판 망연히 지켜 선 몸에

　사무치듯 벌레가 끓는다. 붉음이 벌레들을 끈다.

　그렇게 밖에는 지울 수 없는 제 몸의 붉음을 맛보며 나무는 늙고

〈

익는다는 것은 조금 늦게 오는 통감痛感, 저 붉음으로 다시 들 곳 이번 생에는 없어

저절로 짓무르는 기억들…… 버려지듯 떨어진다.

칠월 한낮

비꽃,

큰 비 들기 전 후두두 지는 방울 비, 제 울음에 가는귀먹은 매미 울음 사이 뜨거운 적요를 두드리는 소나기의 전조.

비꽃, 진다.

양철지붕이나 토란잎, 그늘 얇은 제 한 몸의 목마름에 소리만 적시고 사그라지는 물꽃.

비꽃을 맡는다.

화약 냄새 같고 마른 흙에 번지는 물비린내 같고, 달아오른 내 여자의 숨결처럼 훅 끼치는 더운 냄새가

비꽃처럼

피는 걸 '진다' 이르는, 저버린 일들 안동眼同하고 소나기에 쫓긴다.

민달팽이 한 마리가

집 나온 지 오랜 몸이 끈적임만 남아

맨살로 축축하게 벽을 밀어 간다. 제자리인 듯 더듬더듬

벼랑을 바닥처럼 타는 집도 절도 없는 게으른 노숙.

껍질을 버리고 터득했을 느린 보법이 딴엔 편안해 보이기도 하다.

어렵게 살기 쉽고 쉽게 살기 어려운 연체軟體의 세상이

완생에서 미생으로 시간을 데려가는 것 같다.

아무런 목적 없이 뭔가를 하려 하는 사람처럼, 지루한 행보가 죽음과 닮아가나

벽에 붙어 있는 한 용하게도 살아 있다.

독

감나무 아래
오래 슨은 몸들이 눈을 쓰고 있다.

여럿이 놓여 있어도 외딸아 보인다.

공연한 비밀 꾹 눌러 덮듯이
유난히 눈을 쌓아올리는 건

빈 것, 채웠다 비워 낸 공간이 아니라

삭정이 하나 내려지면
폭삭 주저앉을 듯

어떤 소리가 밖으로 일렁이는 듯했으나

그 속은
꼭 껴안고 앓는 한 몸이어서

2부

잘 익은 풍경

소나기 몇 알 후두두 떨어진다.

누가 공중에서 검정콩을 터나 보다.

분화구 생겼다, 누이가 쓸어놓은 몽실한 마당

빠지셨는지 노시는지, 엄살을 떠시는지

개미 한 마리가 한 방울의 둘레에 둘레를 돌리고 있다.

그림자 한 잎 넣어주려고 땡볕 붉게 달이는 봉숭아

올려다보니, 꼬투리가 마악 터지려 한다.

천고天孤
- 아우

1.

한 채의 거미집에 두 마리 거미가 붙어 있다. 거미는 독거의 족속.

한가운데 꿈쩍하지 않는 놈은 주인이고 주변을 어기적거리는 녀석은,

거꾸로 매달려 중력을 견디는 놈은 통속한 주인이고

무엇이 들었는지, 무거운 염낭을 맨 채 허공을 휘청거리는 저 파계승 같으니

2.

타고나는 것이라 했다.

집 한 채 뜨지 못하고
얹혀산다는 것이 얼마나 쓸쓸한 허공인 줄 모르고
거꾸로 매달려 세상을 볼 줄도 모른 채 이번 생을 드난

온 거미.

역마 낀 아비가 들러 간 유월, 그 어미는 외로움을 낳았다.

개뿔

소의 급소는 뿔에 있다.

감때사나운 부사리의 뿔을 각목으로 내려치면 이내 직수 굿해진다. 각목 하나로 커다란 덩치를 다룰 수 있다. 이후

각목만 보면, 각목을 들었던 사람만 보면 기를 꺾는 소의 기억은

뿔에 있다. 밖으로 드러내놓고 살아가는 소의 기억은 후천성.

뿔이 난 후에야 송아지는 자신이 소임을 알게 된다.

뿔의 정체는 두려움, 두려움을 먹고 살이 찌고

우직한 힘을 잠재울 줄 아는 두려움이 연한 풀이나 뜯는 족속을 보전해 왔다.

뿔과 뿔을 맞대고 뿔뿔이 다툴 때

막가파처럼 뿔을 밀고 달려들 때가 더 슬픈

〈
자기독재자여, 그러나 뿔이 없는 건 우공牛公이 아니다.

뱀의 문장紋章을 쓰는 가계家系

물려받은 건 배를 깔고 기는 법
소리 없이 혓바닥을 날름거리는 버릇, 그리고
소름이 돋을 만큼의 징그러움뿐이었다.

유전이라 이르지 마시기를, 그러니까
독은 후천적으로 생성된 내성의 결과물이다.
뭔가 왜곡된 듯한 몸
뭔가 제어된 자세로 나아가는 세상으로부터
조금씩 삼투되어 고이기 시작한 그것,
대가리를 치들게 하고
찢어질 듯 아가리가 벌어지게 하고
똬리를 틀고 웅크릴 줄 알게 만드는 그것은
자학의 증거이자
고통이 없으면 감각도 무더지는 생의
마약과 같은 것이다. 먹이를 물어 삼킬 때마다
함께 밀어 넣어야 하는 스스로의 독에
퍼렇게 중독된 몸 어디, 한때
세상을 다스렸던 파충의 위엄은 흔적조차 없고
진화와 퇴화가 동시에 이루어지는 듯한 형체로
누대에 걸쳐 무고한 죄질에 시달려야 하는

〈
나는 난태생, 나는 곡선으로 나아가고
제 몸을 쥐어트는 가학적인 문양을 둘렀고
그리고, 나의 피는 차갑다.

가벼움을 팔아먹다

〈복숭아통조림은 25센트, 책은 10센트입니다 생각은 가볍고 복숭아는 무게가 많이 나가죠 운임도 무게를 기준으로 매깁니다 대부분 사람들이 정신적 굶주림보다 배에서 배고픔을 더 느끼니까요〉

고물상 한구석에 묶여 쌓인 말끔한 책들
방금 죽은 시체 같다.

근(斤)으로 달아 온
누군가의 읽히지 않은 생각들.
몇 권을 얹어야 겨우 철근 한 토막 값에 이르는
정가 팔천 원짜리 폐지들.

재활용되는 건 오직 종이뿐
철근 토막에 스는 녹처럼
가벼움을 견디고 있는 활자들.

무게를 좀 더 얹히려고
이슬을 맞히고 오줌발 먹이는
고물장수의 비루한 생이 들어 있을지 모를
딱딱한 책장들.

〈
어느 무명작가의 고루한 이름에서
뭔가 썩는 냄새가 났다.

* 〈 〉 "헨리. 해서웨이"의 서부극 「네바다스미스」에서

개옻

바라보기만 해도 가렵다.

옻을 아는 자와 모르는 자 중, 옻나무인 줄 알고 바라본 자가 먼저 옻을 탄다. 가려움은 의식적 감각, 알면서도 바라보게 되는 것들이 있다.

가려움은 옮는다.

옻오른지 모르고 그의 생각을 먹으면 그의 가려움도 먹게 된다. 어디가 가려운 지도 모르고 긁게 된다. 긁으면 그 옆이 가렵고 그 옆을 긁으면 또 그 옆이 가려워지는 갑각의 감각, 드러나지 않는 가려움은 은밀하다.

통감과 쾌감 사이

참을 수 있을 만큼의 가려움을 긁는다. 잠시 개었다 다시 찾아드는 가려움을 긁는다. 생각만 해도 점점 더 참을 수 없어지는 피학적 쾌감.

가려움은 기체다.

〈

　내성이 생겨 옻나무를 땔감으로 쓰던 나무꾼이 감쪽같이 죽었다. 옻나무 생목은 겉을, 말린 옻나무는 속을 가렵게 한다. 긁을 수 없는 가려움.

　연기를 마시면 죽는다.

알리바이

둥근 벽시계 하나뿐인 방
들보에 목을 맨 사내가 축 늘어져 있다.

발바닥과 방바닥 사이, 천 길 허공을 어떻게 디뎠을까
자살과 타살이 함께 저질러진 듯한,

멎은 시계와
머리카락처럼 흩어진 방바닥의 얼룩은
사내를 살려낼 수 있는 모종의 단서…….

현재의 시간을 맞추자 바늘이 거꾸로 돌면서

얼룩 위에 물방울이 돋고
썩어가던 냄새가 사내의 몸속으로 빨려 든다. 아주 천천히
사내의 발가락이 꼼지락거릴 때까지
딱딱하게 굳어 쌓이는 물의 계단들.

사내의 몸이 모빌처럼 흔들리고

발바닥이 닿자
차갑고 두터운 틀로 변하는 물은

단말마의 전율을 통증으로 바꾸며
어떻게든 살아오게 했던 기억들을 뒤진다.

머리를 묶은 풍선과
가슴속 시든 꽃들,
손가락 새로 빠지는 모래알들.

목을 매야만 했던 까닭을 떠올린 사내는
들보의 넥타이를 풀고 얼음 위로 내려와
뒷걸음질쳐 방을 닫는다.

방향을 바꾼 시계가 지루하게 돌기 시작한다, 그런데

얼음은 누가 가져다 놓았을까.

비꽃 속에는 청개구리가 들어 있다

실제보다 슬픈 우화를 가진, 실은
울음이 청량한 세레나데인

그는 항상 반대쪽으로부터 온다.

그의 몸엔 검은 구름이 들어 있다.
검은색으로 푸른 무늬를 그릴 줄 아는

그에게선 녹물 냄새가 난다.

잔 못질 소리로 양철지붕을 두드려
온몸에 푸른 멍울을 새기는 그의 울음은

단 한 번의 사랑으로 먼 까막눈을 달고 있다.

목젖이 부풀수록
점점 작고 여려져 가는 그의 몸을

죽은 척 품고 있는 꼬리 달린 사랑이 있다.

개울가에 묻으랬더니

뜨거운 지붕에 못질해 두고

홀연, 반대쪽으로 사라지는 허풍선이 구름.

개구리가 뛰는 방향을 바꿀 때

멈춰 있는 것은 보지 못하고 움직이는 것들만 쫓는 그의 눈은 활성 난시,

흐릿한 윤곽만을 먹고 살아가는 망막에 하루살이의 모습이 또렷이 맺힐 때

꼬리를 떼어낸 후 뛸 수 있었다는 사실은 기억조차 없는데 이따금 꼬리를 달고 있는 듯한 느낌에 끌릴 때

살아오는 동안 무감각해진 것들 중 하나가 뱀 눈초리처럼 되살아나다 다시 무감각해져 갈 때

실컷 울다가, 무엇 때문에 울고 있는지 잊어버렸을 때

저지르고 나서 후회하는 것이 아무 짓도 하지 않는 것보다 낫다 생각 들 때

눈 꽉 감고 뛴다. 방향을 바꾸는 줄도 모르고 뛴다.

막다른 골목

밤늦도록 진눈깨비가 ……, 젖은 종이 위에 쓴 글씨처럼 길을 읽고 있다.

여러 사람의 발자국들이 오래 서성거린 한 사람의 발자국처럼 읽힌다.

어디서든 뛰어들고 어디로든 사라져버리는 길 위에서

쌓이지 않는 것에 자꾸 발이 빠진다.

뉘 집 처마가 저토록 오래된 외투를 걸치고 섰나, 썩은 과일의 씨 같은 가등 아래

여러 사람의 말소리가 한 사람의 중얼거림처럼 끌렸다.

매번 잘못 드는, 그러나 분명한

나는 아직 입구를 찾거나 돌아 나오는 중인지 모른다.

3부

이력

싸락눈 몇 됫박 들판에 안치는 저녁이다.

작년에 끌고 간 줄 토막토막 끊어 오는 기러기 울음 굴풋한 어스름.

부메랑 날갯죽지들 붐비는 공중을 바라보며 한 철 들러 갈 것들에게 또다시 가슴을 앗긴다.

어느 추운 고장의 습속일까, 바닥을 짚기 전 몇 번이나 파닥거리는 뜨내기들.

제 기척에도 놀라는 것들은 저런 식의 설은 기억법을 가지고 있어서 한 곳 정들지 못하고 떠도는 것일 게다.

공중을 건널 때와 바닥에 내리는 울음이 설핏 다름을,

가뭇없는 작은 애비 기별인 양 초저녁잠 설치는 서당집 노모 가는 귀 섧도록

주인 바뀐 논배미에 주둥이를 박는 것들의 발목이 붉다.

팔아먹는 슬픔

소는 세 번 운다. 배고프다 울고 새끼 생젖 떼 낼 때 울고

한 번의 울음은 들리지 않는다.

소는 버릴 게 없다 한다. 우족이며 꼬리, 소머리국밥에 내장탕, 하물며 똥오줌까지 거름으로 쓴다.

소도 버리는 게 있다.

오늘은 정읍장날, 싸락눈을 밟고 온 트럭 앞에 무릎 꿇고 떼쓰는 소야.

후릿고삐 맛도 모르는 것이, 농부가 한 소절 못 배운 무식한 것이 무어 그리 정든 척할 거냐. 터지지 않는 울음 언제까지 삭힐 거냐.

자, 그만 가야지.

양념 딸 혼수도 그믐달빛에 죄던 노름꾼 끗발도 다 옛이야기.

〈

 헛바닥 닳은 밥그릇에 콧김이나 한 번 더 풀고 차에 오르려 마,

 목덜미 쓸며 돌아서는 박 영감 귀머거리 다 되었다.

처서

혼자 살다 가는 이의 유품 같은 날이었다.

지난다는 말, 물러간다는 기별 다시 오지 못한다는 뜻으로
울음보다 긴 적요를 끌고 다음 생을 건너는 늦 매미.

한 철 오독하던 느릅나무 무거운 그늘을 벗는 하오.

속곳처럼 편안해진 외로움을 오수 속에 널어놓고
끝물의 고추 솎으러 가는 홀어미 선 꿈자리 맡.

메밀잠자리 날면 오이를 걷고 메밀을 놓을 때

쓰다만 유서처럼, 박박 기던 길 넝쿨째 끌려와
몇 날을 밭귀에서 식는 오이 몸통에 누런 젖꼭지가 두엇.

한 번뿐인 생이 여러 번 다녀가듯 혼곤한 날이었다.

종점

오래된 벽화처럼, 담벼락에 두 사람의 노인네가 몸을 말고 붙어 있다.

서캐 같은 춘삼월 볕에 그림자가 이따금 꿈틀, 무릎에 묻힌 몸이 풀무치 잔해 같다.

같은 시각 같은 곳을 도는 읍내버스

내리고 타는 이 없어도 슬며시 문을 한 번 여닫고 돌아나갈 때

담장에 나란히 기대어 놓은 지팡이 하나가 스르르 눕는다.

살구꽃이파리 으슬으슬 가지를 털고

들고양이 울음이 소름을 한차례 돋쳤을 뿐,

떠난 몸에 묻어 있는 볕뉘 긁어모아 남은 이의 적막을 염하는 석양이

힐끗, 다음 배차 시간표를 들여다본다.

세 발 고라니

발자국 하나를 어디 두었을까.

간밤 텃밭을 다녀간
좀도둑의 흔적을 더듬는 노인의 몸이
자꾸 한쪽으로 기우뚱거린다.

그놈 같은데.

서너 해 전
밤눈이 올무처럼 둘러치던 외딴집
철사줄에 발목 하나를 두고 간 그놈.

제 발모가지 물어 끊고
눈밭에 생혈 적시며 사라진 그 녀석이
발자국 하나 공중에 들고서

다시 사람의 집을 찾은 것은,

봄동 앞을 망설이다
뜯지도 않고 돌아선 것은
배고픔보다 곡진한

천식 앓는 노인의 기침소리였을까.

사람과 짐승 사이
텃밭과 야생 사이
사라진 발자국 하나

지팡이 절룩이며 찍어 넣는 노인.

반갑다, 꽃뱀

에스라인에
꽃무늬 원피스를 두른 그녀는
여전히 치명적이다.

날 잡아 보란 듯
꼬리 살살 저어 빼던 그녀의 인사법도
여전히 속되고 징글맞다.

광주리를 엎지른 죄
개구리들 괴롭힌 죄,
함부로 혓바닥 놀리는 죄로
애꿎은 팔매질을 당했던 그녀.

농약 냄새에 시름시름 잔병을 앓더니
필경 황소개구리에 겁을 먹고
야반도주 단봇짐을 싸버린 그녀와

옛 애인처럼 마주친 들길.

징그러움도 그리움이었을까
저간의 사정

눈길만 쓸며 내외하다가, 새삼
먹먹한 기억들이 치오르는지

시멘트 포장된 들길에 쓰린 배 밀며
뒷모습을 보이는 잔망스런 그녀.

다낭에서 온 여자

그의 아버지는
월남에서 돌아온 새까만 김 상사.
그는
베트남 처자를 아내로 맞은 새까만 농사꾼.

말로 주고 되로 받았든, 그 반대이든
배젊은 색시 얻어
자식 셋을 두었으니
우리 동네 재수는 재수 맞았다.

김치 맛도 제법 낼 줄 알고
서방님 바가지도 긁을 줄 아니
어언
토종 다 된 월남 댁,

혼수로 챙겨왔던 배고픔이
집 나간 강아지처럼 돌아오는 가을이면
세 아이 꾸리고
들판 멀리 나가는 날이 잦다.

누룻누룻 밥 냄새 누는 노을 위에

제비들처럼 앉아
제비들처럼 돌아가지 못하는
머나먼 강남 길을 초저녁별에 묻는다.

옛날식 석양

1.

종일 굽혀서
허리께가 삭은 그림자 길게 당겨 펴고
홑청구름 덧대어 누비는
저 석양 속엔 오래된 수선집이 있다.

이른 아침 맡긴 작업복에
벗풀 주름 구겨 넣고
쉰 땀내 흠뻑 먹여 돌려주는
허름한 단벌 정장.

저 어딘가에
캥거루처럼 새끼주머니가 달려 있다.

2.

발꿈치를 세우면 닿을 것도 같은 선반 위에
반짇고리 모양의 구름이 얹혀 있다.
어머니는 항상 저런 곳에 과자를 숨겨두고
우리들을 부스럭거리게 했다.

〈
꺼내 먹을수록
조금씩 낮아지던 선반, 이제는
발꿈치를 들지 않아도 훤히 들여다보이는

봉분 모양의 구름 위에 손을 얹는다.
무동을 태워 올려 보낸 아우의 손이
부스럭부스럭 만져진다.

3.

끝물의 고추밭에 고추잠자리들 떼 짓는다.

큰 딸내미부터 막둥이네까지
늘 가슴 한구석이 설익는 백산댁

곱사등에 한 단지 노을을 담근다.

고추장처럼 잰
고추장보다 매운 새끼들이 저 속에 있어

〈
애호박오가리 구름을 넣고
들깻내 나는 바람을 넣고

단지째 비비는 저녁밥 냄새.

종일 난들* 밭에 매였던 지평이
붉은 헛바닥을 핥으며 온다.

* 논밭에 나는 야생초

미필적 감정 · 2

매미 한 마리 마당가에 떨어져 등을 비비적거린다.

펴지도 못한 우화.
날개를 단 몸의 공명통.

아직 울음이 묻어 있는 나무그늘이 가늘게 떤다.

땅속보다 캄캄한 열대의 그 밤
소나기 줄금줄금 들러 가는 마당에

어느 백치가 울음을 적고 있다.

다 버리지 못한 울음은 꾹 꾹 눌러서
다음 생으로 유폐시켜야 한다.

이명처럼, 뜨거운 것이 빗소리 뒤에서 식는다.

미늘 · 3

   느릅나무 가지에 초승달 걸렸다. 새끼 고라니 젖니 같은 묽은 것이 느릅 속잎인 줄 알고 덥석 애저녁 어스름을 문 것이다. 이맘때

   난들지기 하루는 마져져만 가지. 들놓고
   끌어오는 어둠에 숨이 차서
   벗어 들고 오는 흰 고무신 한 짝.

   밥물 같은 저 빛에 늦은 저녁을 안치면 세상길들이 어떻게 집으로 돌아오는지,

   서둘러 끊기는 막차 꽁무니에 동구는 닫히고
   선잠 깬 별들 눈 비비는 서천 가
   막차 놓친 자식 반백 년 마중하는
   들 마을 길눈은 침침하기도 하지

   저 빛을 밟으면 봄밤이 어떻게 깊는지,

   들창 아래 놓는 소쩍이 울음에 불려
   노모의 수잠머리 들렀다가, 거기서 또
   울음이 닿는 곳까지 어느 사립 밖을 돌아와도

〈
새끼 떼 보낸 어미 고라니의 속 모를 것 같아

초여드레 어둠은 캄캄하기도 하지
초승달에 꿰던 자리 따끔따끔
느릅 속잎 트는 소리만 고적한 밤이었다.

4부

이슬방울 주렴珠簾

 수염이 깔끄러워서, 물풍선 같은 달은 어떻게 보리밭을 건넜을까.

 울음 사이사이 적막을 놓고 개구리들은 무엇에 홀렸던 것일까.

 저마다 숨죽이고 지새던 밤이었다.

 저대로 무사한 오월 이른 아침

 바늘 끝에 이슬방울을 올린 청보리들,

 터지지 않게 물방울 방울을 꿰

 까시락과 까시락을 엮어 친 가시거미줄들.

동그라미 포탄

나무말미에 고추잠자리 편대가 떴습니다.

수평으로 멎어 몸통이 빨개지도록 햇볕을 달굽니다.

퍼렇게 비 멍든 들판, 빗방울이 소리를 내기 시작하던 그 높이만큼 떠서

어느 풀대 끝에선가

접히지 않는 날개 고스란히 받았던 빗방울만 한 동그라미를 텁니다.

한달음 가다 멎고 또 한달음, 금방 동나는 포탄을 다시 구워서는

빗줄기가 뚫어놓은 공중의 구멍들을 메우고 있습니다.

연록 戀綠

그 속이 다 비도록
너울을 벗기며
붉어가던 보리들이

하루나 이틀만,

흔들림을 붙들고
모가지 가지런히
눈금을 재어 안치는
이내 빛 노을 속에

들개가 새끼를 낳았다.

허공을 다는 저울·2

1.

대추나무에 커다란 호박 덩이 하나 매달렸다.

저울 추 같다.

대추나무 꼭꼭 둘러 감고 호박넝쿨이 대추알들 무게를 달고 있다.

요술단지 아닐까? 콕콕 쪼면 흥부네처럼 보물들이 쏟아지지나 않을까, 참새들 부리가 발갛게 부르텄다.

2.

대추나무가 호박덩이를 내려놓는 중이란다.

혹시나 넝쿨이 끊어져 쿵, 엉덩방아 찧으면 나무아랫집 개미들이 놀랄까 봐

짱짱한지 쿡 쿡 가시로 찔러 확인하면서

〈
공중에 놀러 왔다 집으로 돌아가는 호박넝쿨.

아슬아슬 바래다주느라 대추알들이 온통 벌겋다.

추청 秋晴

그쳤다 쏟아지다,
가을 소나기.

고들고들한 정적 사이
풀 비질 소리.

밤내
누가 공중에 도배를 하나

쓰고 남은 들판의 푸름
빗방울에 개어 바른 아침 천정.

콩잎 쓰고 잠들던
도마뱀 서너 마리가 살아 움직인다.

청연 青然

잎사귀인 듯 창이 설렁거렸다. 아 참, 열어두었지.

방충망 모눈에 소나기가 두들긴 달빛이 튕겨 있었는데

길게 끌리는 낙수 소리 끝에 붙어

살근살근 방충망을 타는 것들이 있었는데

창가 등나무 잎새는 죄 달빛이 들렸으므로

휘우듬한 저 무늬들은 목젖이 부은 청개구리였는데

울음으로 지울 수 없는 적막이 있어

울걱울걱 울음을 삼키다 달빛에 미끌리는 발가락도 있었는데

소나기가 닦아놓은 축축한 달이

방충망 모눈 안으로 살아 있는 무늬들을 뜨고 있었는데

뒤안

포플러 이파리들, 보들보들한 단추를 풀고

한 꺼풀 공중을 벗기고 있었다. 쪽파 냄새 같은 게 후줄근히 끼쳤다.

질흙을 구워 만든 화덕에 석양을 걸고

수제비 구름 뚝 뚝 떼어 끓이는 칠월의 다 저녁

고샅길이 실없이 둘러 가는 외주물집 뒤안을

오라기만 걸친 들 노을이 그러안고 있었다.

풀무치들 등 비비는 기척일까

육덕 좋은 항아리 하나가 속곳 풀 듯 그림자를 펴고 누울 때

봉숭아가 꼬투리를 터뜨려서 그랬는지

아주 잠깐 모든 것들의 숨이 막혔다.

〈
이만큼이나 외설스러운 순간을 고스란히 남겨 놓고

또 다른 생에 접붙이러 간 주인 대신

한뎃잠 붙이러 기웃거리는 고라니 숨결에

파르르 떨며 자리를 보는 무성한 거웃들.

대가리는 맛있다

살점 다 발린 조기는 항상 어머니의 몫.
가시에 머리만 달린 조기를 밥숟갈에 얹는다.

눈깔에 든 바다 속을 헤집어 한 숟갈.
조기의 먹잇감들까지 꺼내어 먹듯 입을 찢어가며 몇 숟갈.

조기의 일생을 먹는 것인지
조기의 생각을 먹는지

대가리 속에 든 것들을 곰곰 발라먹는
어머니는 대단한 미식가다.

몸통의 살점 다 발리고 난 대가리가
비로소 조기의 맛.

대가리를 먹어야 조기 한 마리 먹었다 할 수 있듯
대가리까지 먹혀야 비로소 완성되는 조기의 생,

욕망인지 허영인지
비린내 나는 영혼을 파먹는 것인지

〈
멀쩡하게 붙어 팔딱거리는 육신을 남겨두고
제 머리통만 발라먹는 난, 뭐야

십일월

새들이 왔다.

그 전날, 먼 이역 순회공연을 돌아온 가수의
쉰 목처럼
아이들을 불러들이며 저무는 어미의 목소리처럼

작년에 흘렸던 울음통 다시 지고
한 쪽 어깨가 느슨해질 때마다
한 방울씩 떨어뜨려 간격을 조이며

공중에 긋는 한 줄의 밑줄…… 기러기 떼가 왔다.

나는 돌아오지 못한다, 떠난 적이 없음으로

무리 지을 줄 모르므로
저 밑줄 위에 울음을 적지 못하고
그 줄 끌어내려 저무는 이 들판
봉하는데 쓸 뿐

한 철 머물다 뜨질 못한다.

빈 병으로 쌓은 담장

갓 낳은 알처럼
알록알록 봄볕이 쥐어지는 그 안,
개나리꽃 얼비쳐 두른
노란 어리.

그냥
밖으로 내놓아도 무방할 듯싶고
저렇게
빈 것들을 쌓아 들여도 좋은
마당을

함부로 들여다보려다간 눈이 다쳐
한쪽 귀 막고 엿듣던 바람이

햇병아리 울음인지, 묵은 암탉 구음口音인지

하나를 불면
전체가 공명하는
그, 하나의 빈 것을 물고

비어 있는 안에
철없이, 흘려 넣고 있다.

꽈리

발그레한 저 지등 누가 밝혔나

매미울음도 석웃내처럼 받아가는 팔월 한낮
느릅나무 그늘에 심지 적시고
자울자울 조는

그 둘레가 홀연
옛집 토담처럼 아련하여

문간에 걸면, 섣달그믐
집 나간 큰 애가 돌아올 것 같고
풍등을 띄우면
꽈리 잘 불던 막내의 보조개가 실리고

두 손을 그러모으듯 속을 감싼
저 빛은
졸수록 자꾸 아려서

그 여름, 홀어미마저 뜨고
그늘만 남은 집을
조등처럼

5부

회廻

복사꽃 만장을 세우고 여든 번째 봄 사행으로 들러 가네.

마을에서 뒷산 사이, 한평생 똬리 튼 길 허물처럼 벗겨지네.

바늘땀 없는 옷을 입은 나비 흰 종이꽃에 앉아 떠가네.

감자밭 가는 노인의 귀에는 안 닿고

다음 생은 사람으로 올지 모를 소에게만 들리는 나른한 요령소리.

노자를 꽂은 새끼줄에 붉은 고추 매달던 문간 금줄이 겹치네.

아기 울음을 내며 떨어지는 복사꽃들.

슬픔은 철없다

할머니 슬퍼?
안 슬퍼
근데 왜 혼자 살아?

통배추 밭에 쭈그린 홀어미 등을 가을볕이 애벌레처럼 갉는다.

할머니 뭐해?
벌레랑 놀지
벌레가 뭐야?

배춧잎 벌레를 꼬집는 홀어미 어둔 손끝에 구멍만 자꾸 헛 집힌다.

구멍들은 누가 먹은 거야?
벌레들이 먹었지
벌레는 구멍을 먹고 살아?

작은 구멍은 네가 먹고 큰 구멍은 네 엄마가 먹고… 작은 구멍은 큰 구멍이 되고 큰 구멍은 나방이 되고 나방은 구멍 밖으로 훨훨 날아가고…

〈
할머니 슬프지?
안 슬퍼
근데 왜 혼자 말해?

뜸하니 들러 놓고 가는 어린 것의 슬픔이 배추 속처럼 아삭하다.

저, 들꽃

돼지감자 꽃이라 불렸단다.
도깨비바늘씨가 들러붙는 둑방.

누이의 등에 업힌 아이,
싯누렇게 웃는 오누이들처럼

들바람에 흔들어서 캐먹던
배고픈 낯빛.

어떤 날은 사정 많은 가을하늘이
물끄러미 내려다보다 가던데

또 어떤 날은 숙맥처럼
무서리에 절여지는 그 눈빛이 짠해서

기러기들이 거두어갔단다.
빈 쌀독 긁는 울음 저편.

깍지

서리태는 서리를 맞혀 걷는 콩.

늦가을 들노을 만큼이나 앙다문 꼬투리가
도리깨질하는 노모의 심통 난 입매 같아

익었다고 절로 터지는 것들이나 줍는
멧새들 생색은 어림도 없는

서리태는 검은 겉에 파란 속이 든 콩,
자지러지도록 풀지 않는 깍지의 힘이 그 안에 있어
속청이라 불리기도 하던데

노모의 꼬투리 한구석엔
아무리 두들겨도 털리지 않는 자식이 있어

거죽만 남은 콩대 문간에 긁어 태울 때
톡,
쪼글탱이 한 알이 뛴다.

백혈白血

오래 만지작거린 은화銀貨 한 닢, 만지작거리다 생긴 물집처럼

오래 걸어두었다 떼 낸 얼굴사진 자국처럼

낮달 간다. 누이야

무른 풀씨처럼

청무 밭 언덕 헐은 애무덤처럼

까르르 웃던 잇속처럼,

울음주머니

애비도 모를 씨 사람 손에 받아와서
사산한 새끼
눈 뒤집고 핥아대는 어미 소.

몸에서 함석 두레박 내리는 소리 같은 게 샌다.

이미 죽은 줄
뱃속에서부터 알았지만
그런 짓밖에는 도무지 할 수 없는

살집 속엔 오래 퍼 올리지 않은 우물이 고여 있다.

팅팅 분 젖처럼
터지지 않는 울음 대신
거친 숨소리만 새끼 몸에 불어넣는 어미.

서너 배 새끼 받고 가는 일이 전부인 생에

고름처럼 굳어서
무게로 얹히는 울음주머니가
저 몸 어딘가 달려 있기는 있을 것이다.

묵은쌀

장마가 지고 나면 묵은 쌀이다.

묵었다는 말에는 냄새가 난다.

묵었다는 말에서 버러지가 생긴다.

한구석에 묻어두고 조금씩 아껴 먹던 말,

냄새나고 벌레가 날아다니는 그 속에는

낡은 자루 같던 아버지 몸이 슬고

어머니 쌀 씻는 소리 가만히 들린다.

「마음의 절간」이라는 메뉴

맛있는 봄이라 한다.

소문난 그 집, 봄비는 햇볕에 꽃술 흐벅지게 비벼주는 꽃밥집.

몽유처럼, 짧은 연애질처럼

들러 가는 이들 그리 많아 예약해 둔 꽃들마저 금세 동나서

벌써 한물가고 있는 꽃비 난장에

공으로 내는 새 울음도 설핏하게

꽃이파리 몇 점 눈는 늙은 배나무, 이녁도 참 어지간하구나.

점정點睛

  파란 보리밭을 일렁이는 흰나비 한 점 멀리서 쫓는데
  맨눈으론 닿지 않을 저만큼의 거리를 끌어오는 건 바탕이다.

  나풀대는 날갯짓을 흔들림 위에 얹는 보리들의 촘촘한 채색은
  섬세한 나비의 문양까지를 눈썹 아래 집중시키는데

  눈을 넣자 그림 밖으로 용이 날더라는 일화는 당대의 허사,

  푸름을 끄는 흰 점에 눈이 팔리다
  나비의 날개 끝에서 보리들의 여린 나울을 보기도 하는 것인데.

세한

밤 깊도록 서랍 여닫는 소리가 들렸다.

묵은 편지다발 훔쳐 펼치고
다락방 생쥐
생고구마 갉는 소리를 내고 있었다.

버리고 싶은 것들을 털며
밤도둑이 들러 가고 있었다.

세상 어느 구석을 돌아와
늦은 자리를 펴는 잠 속
숨겨둔 애인의 발씨처럼 눈은 쌓이고

늙은 감나무를
밤새 어디로 데려갔다 오는지
들판까지 마당이 나가 있는 아침.

두더지처럼 눈밭을 기는 것이 있다.
잡아먹으면 약이 될 듯도 싶은

세월이라는 저 짐승.

계관 鷄冠

   새장에 갇힌 새는 얼마쯤 시간이 흘러야 나는 법을 잊게
될까

   새장의 새는 한동안 파닥거린다.
갇혔다는 사실을 받아들이는 중이다.

   창공과 새장은 공간의 차이
공간의 차이를 안과 밖의 문제로 바꾸는 것은 먹이

   새의 깃과 새의 높이와 날아가는 방향이 깃든
먹이가 새장을 길들인다.

   갇혔음을 알고도 새는 이따금 파닥거린다.
먹이를 찾는 습관이다.

   가장 빠르게 창공을 버리고 귀화한 조류는
날지도 못하면서 푸드득거리는 종들

   봉황의 볏을 달고도 날지 못하는 닭은
몸이 무거워서가 아니라 기억을 잊어버린 까닭이다.

〈
　밖으로 날아간 새는 또 얼마큼 지나야 갇혔던 기억을 지울 수 있을까

행자

낙타가 사막을 건너는 것은 그 걸음에 있다.

광막할수록 느릿느릿 걷는 법,

모래바람에 쓸려도 서둘지 않고 자그시 눈을 내린 채 타박거린다.

자신을 지치게 만드는 건 스스로의 울음뿐, 울음도 짐이어서

꾸리는 행장 속에 걸으면서 버려야 할 것은 없다.

출렁이는 한 통의 물동이를 진 듯한 걸음걸이로

먼 길을 땋는다. 뒤를 돌아다보지 않는 건

사막 건너 또 다른 사막이 놓여 있기 때문,

■ 해 설

후천성 기억의 윤리

문 신(시인/문학평론가)

1

소설가 로맹 가리가 어느 대담에서 "난 내가 삶을 산 거라는 확신이 그다지 서지 않는군요. 오히려 삶이 우리를 갖고 소유하는 게 아닌가 싶습니다."라고 말했을 때, 그의 머릿속에는 우리가 진정한 의미에서의 삶의 방식과 의미를 선택할 수 있는가에 대한 회의적인 생각이 들어 있었을 것이다. 그의 말대로 우리는 뜻을 세우기보다 뜻에 이끌려 살아가는 데 익숙하고, 한 번 그렇게 이끌려 들어가고 나면 끌림의 방향을 전환하기 어려운 사태에 직면하곤 한다. 그것이 역사와 시간의 불가역성에서 비롯한 것인지, 인간의 나약한 본성에서 연유한 것인지 판단하는 일은 쉽지 않다. 그런 까닭에 오래전부터 삶에의 끌림을 우리는 운명이라는 무책임한 말로 얼버무리곤 했다.

마찬가지로 지난 30년간 김유석의 삶이 차근차근하게 시를 향해 끌려 들어갔다는 사실은 그리 놀라운 일이 아니다. 그는 자기 삶을 이끌어가는 온갖 열혈적인 형상들과 격의 없이 지내면서 삶의 소유권을 그것들에게 위탁하기로 작정한 것 같고, 그런 이유로 그의 삶은 자기 운명을 시에 내맡긴 위탁계약서처럼 읽힌다. 이를테면 김유석은 시에 자기 삶을 밀어 넣고는 시가 삶을 마구 휘둘러대는 순간을 기다리는 것이다. 그가 세 번째로 묶어낸 시집 『붉음이 제 몸을 휜다』에서 그것은 "제 몸인 줄 모르고 소용돌이처럼 휘감았을 더듬이들"로 형상화되고 있는데, 그렇게 "제 몸통 말아 쥔 포도나무 넝쿨손들"(「악력」)은 "후천적으로 생성된 내성의 결과물"(「뱀의 문장을 쓰는 가계」)로 나타난다.

　이것이 김유석의 시를 읽으면서 로맹 가리를 떠올린 이유이고, 그의 시를 삶에게 덜미 잡혀 끌려가는 후천성의 기억으로 읽어내고자 하는 전제가 될 것이다. 그는 30년 혹은 그 이상의 시간 동안 삶보다는 시에 더 이끌렸으며, 시를 사는 일에서 삶의 보람으로 만끽해온 것 같다. 가령 그가 "그늘 얇은 제 한 몸의 목마름에 소리만 적시고 사그라지는 물꽃"(「칠월 한낮」)을 보았을 때, '물꽃'의 뿌리는 김유석의 삶이 아니라 그의 시에 깊이 박혀 있을 것이고, "밖으로 드러내놓고 살아가는 소의 기억은 후천성"(「개뿔」)이라고 규정할 때에도 김유석은 삶의 기억보다는 시의 기억을 염두에 두었을 것으로 생각한다. 다음 시에서 그의 시적 기억론의 일단을 살펴볼 수 있다.

싸락눈 몇 됫박 들판에 안치는 저녁이다.

작년에 끌고 간 줄 토막토막 끊어 오는 기러기 울음 굴풋한 어스름.

부메랑 날갯죽지들 붐비는 공중을 바라보며 한 철 들러 갈 것들에게 또다시 가슴을 앗긴다.

어느 추운 고장의 습속일까, 바닥을 짚기 전 몇 번이나 파닥거리는 뜨내기들.

제 기척에도 놀라는 것들은 저런 식의 설은 기억법을 가지고 있어서 한 곳 정들지 못하고 떠도는 것일 게다.

공중을 건널 때와 바닥에 내리는 울음이 설핏 다름을,

가뭇없는 작은 애비 기별인 양 초저녁잠 설치는 서
당집 노모 가는 귀 섧도록

　　주인 바뀐 논배미에 주둥이를 박는 것들의 발목이
붉다.

–「이력」 전문

　삶은 "기척"을 통해 스스로를 증명하고, 시는 그 기척을 "기억"하는 일로 자기소임을 다하는 법이다. 이것이 삶이 아니라 시를 기억하는 김유석의 방법론이다. 이를테면 "부메랑 날갯죽지들 붐비는" 기척에 "또다시 가슴을 앗"기고 마는 일이 그렇다. 시인은 이토록 사소한 일에도 쉽게 마음을 앗기고, 그 앗긴 마음으로 온 생애를 살아야 한다. 그러나 때로 그 앗긴 마음이 "토막토막 끊어오는 기러기 울음"처럼 어느 저녁 들판을 자욱하게 내려덮는 순간이 오면, 시인은 못내 그 캄캄해져오는 삶의 운명과 그 운명의 한복판에 "주둥이를 박는 것들의 발목"을 기록하지 않으면 안 된다. 이렇게 "제 기척에도 놀라는 것들"을 기록하는 일을 두고 김유석은 "설은 기억법"이라고 명명한다. 기억이 '설은' 이유는 존재의 근거를 상실해버린 까닭이다. 이 시에서 "파닥거리는 뜨내기들"

이 "한 곳 정들지 못하고 떠도는 것" 자체가 이미 '설은' 일이고, '설은' 일은 언제나 "울음"을 부르는 것이다. 이런 식이다. 여름 지난 어느 날 "방구석에서 쓸려 나온 청개구리 한 마리"를 두고 김유석은 "울음으로 다가와 울음으로 멀어지는 것들"(「울음 화석」)의 기척을 기억해내거나, 처서 무렵 "느릅나무 무거운 그늘"에서 발견한 매미 허물을 두고 "울음보다 긴 적요"(「처서」)에 말려들고 만다.

이런 면에서 보면, 김유석이 포착하는 삶의 기척은 시의 울음을 위한 전조에 가깝다. 「이력」에서 "공중을 건널 때와 바닥에 내리는 울음이 설핏 다름을" 이야기하는 것도 우리 삶의 순간들이 다른 전조로 다가온다는 진실을 말하기 위함이다. 이러한 시의 논리가 김유석에게는 후천성 기억의 한 형식이 된다. 울음이 삶의 기척으로 살아가는 존재에게만 주어진 후천적 자질이라는 점에서 그렇고, 그 울음이 삶의 기척을 고스란히 담아내고 있다는 점에서 그렇다. 후천성 기억을 다른 말로 하면 시적 기억이 될 것이다.

2

김유석의 시는 삶이 무엇인가라는 물음에 따라오는

통념을 비껴가게 한다. 그에게 삶은 살아가는 일보다는 기억하는 일에 가깝다. 기억이 사후의 일이고 돌이킬 수 없는 일이라는 점에서 삶의 기억은 선천적 운명의 지배로부터 자유롭다. "각목을 들었던 사람만 보면 기를 꺾는 소의 기억"(「개뿔」)이 소를 살아가게 하는 것처럼, 후천적 기억의 힘으로 살아가는 존재들은 "완생에서 미생으로 시간을"(「민달팽이 한 마리가」) 이동해간다. '완생'이 삶의 경험 세계라고 한다면, '미생'은 경험되지 않은 세계가 될 것이다. 이런 논리에 따르면, 우리는 태어나는 순간 살아 있다는 유일한 '완생'으로부터 시시각각 부딪쳐오는 '미생'의 낯선 세계 속으로 옮겨가는 존재다. 그것은 경험된 기억을 하나씩 누적하는 일이다. 우리의 기억이 불안의 한 증상이라는 점을 인정한다면, 살아가면서 하나씩 기억을 만들어가는 일 자체가 미생을 사는 일이 된다. '각목'의 폭력을 몰랐던 완생은 자신의 '기를 꺾는 소의 기억'을 통해 존재론적 불안을 얻는다. 존재의 이러한 불안 상태가 미생이고, 미생은 경험 세계에서 기록되는 후천성 기억이다. 다음과 같은 시에서 김유석은 후천성 기억을 통해 완생에서 미생으로 나아가는 생명 현상을 목격한다.

　　발자국 하나를 어디 두었을까.

〈

간밤 텃밭을 다녀간
좀도둑의 흔적을 더듬는 노인의 몸이
자꾸 한쪽으로 기우뚱거린다.

그놈 같은데.

서너 해 전
밤눈이 올무처럼 둘러치던 외딴집
철사줄에 발목 하나를 두고 간 그놈.

제 발모가지 물어 끊고
눈밭에 생혈 적시며 사라진 그 녀석이
발자국 하나 공중에 들고서

다시 사람의 집을 찾은 것은,

봄동 앞을 망설이다
뜯지도 않고 돌아선 것은
배고픔보다 곡진한
천식 앓는 노인의 기침소리였을까.

〈

사람과 짐승 사이

텃밭과 야생 사이

사라진 발자국 하나

지팡이 절룩이며 찍어 넣는 노인.

  　　　　　　　　－「세 발 고라니」 전문

 이 시를 읽기 위해서는 얼마쯤 눈의 통증을 감내할 필요가 있을 것 같다. 누군가의 삶을 응시하는 시선이 눈 맞출 지점을 놓쳐버렸을 때, 우리의 시선은 까마득한 공중의 낙하를 경험할 수밖에 없고, 그와 같은 시선의 낙차에서 우리는 사는 일이 얼마나 통렬하게 아픈지를 깨닫는다. 이때 통점을 읽어내는 시선은 올무에 걸린 제 발모가지를 물어뜯어 "철사줄에 발목 하나를 두고" 와야 했던 처절했던 기억과 만나고, 그 기억을 통해 고라니는 완생의 순간을 현재로 소환해낸다. 그럴 때 미생의 불안은 부정성의 삶이 아니라 완생을 넘어 도약하고자 하는 초월성에 가까워진다. 고라니는 후천성 기억으로 살아가는 주체가 되고, 모든 기억의 힘으로 고라니는 선천적 본능을 초월해갈 수 있는 것이다.

이렇게 "눈밭에 생혈 적시며 사라진" "발자국"에 대한 기억이 존재의 통점이 될 수 있는 것은 그 통점을 꾹꾹 눌러가며 끊임없이 고통의 순간을 환기시키는 존재가 있기 때문이다. 이 시에서는 "천식 앓는 노인의 기침소리"가 그런 역할을 한다. 기침소리는 "봄동 앞을 망설이"는 고라니에게 통점의 기억을 환기시켜준다. 노인의 기침소리는 "아이들을 불러들이며 저무는 어미의 목소리처럼"(「십일월」) 고라니에게 위험을 경고하는데, 경고를 무시하고 "함부로 들여다보려다간 눈이 다"(「빈 병으로 쌓은 담장」)치고 만다. 그렇게 눈이 다쳐 맹목이 된 존재에게 남은 유일한 몸부림은 울음이다. 볼 수 없고 보지 못하는 사람에게 울음은 존재를 증명하는 유일한 기억이다.

매미 한 마리 마당가에 떨어져 등을 비비적거린다.

펴지도 못한 우화.
날개를 단 몸의 공명통.

아직 울음이 묻어 있는 나무그늘이 가늘게 떤다.

땅속보다 캄캄한 열대의 그 밤
소나기 줄금줄금 들러 가는 마당에

〈

어느 백치가 울음을 적고 있다.

다 버리지 못한 울음은 꾹 꾹 눌러서
다음 생으로 유폐시켜야 한다.

이명처럼, 뜨거운 것이 빗소리 뒤에서 식는다.

-「미필적 감정·2」 전문

  이 시에서 확인할 수 있듯, 울음보다 위대한 경고는 없다. 울음은 존재의 경고이자 삶의 위기이다. 그러나 볼 수 있는 자는 우는 법이 없고, 우는 자는 언제나 맹목이다. 보는 자는 삶과 세계를 경험할 수 있지만, 맹목에게 주어진 것은 경험 세계를 기억하는 일밖에 없다. 그러므로 후천성 기억으로 살아가는 존재란 맹목이고, 맹목은 언제나 울음으로 자기를 증명하고자 한다. 이 시에서 "매미"가 우는 것은 "땅속보다 캄캄한 열대의 그 밤"에 아무것도 볼 수 없기 때문이다. 그것은 매미의 생태와 무관하지 않다. 아무것도 볼 수 없는 땅속에서 수년을 견디는 동안 매미가 할 수 있었던 것은 제 몸에 울음을 누적하는 일이었다. 그렇게 매미는 "날개를 단 몸의 공명통"으로 태어나 온몸으로 울게 된다. 울음이 존재의 자기 증명이 되는 것이다.

"소는 세 번 운다. 배고프다고 울고 새끼 생젖 뗄 때 울고// 한 번의 울음은 들리지 않는다."(「팔아먹는 슬픔」)라고 할 때, 그 들리지 않는 울음이 온몸의 울음이자 온 생의 울음이라는 것을 우리는 모르지 않는다. 이렇게 온몸으로 온 생으로 우는 맹목의 존재를 두고 김유석은 "활성 난시"라고 규정한다. 활성 난시란 정지한 것은 인지하지 못하고 움직이는 것만 자기 생의 영역으로 끌어들이는 시 감각이자 삶의 감각이다. 활성 난시의 주체는 "살아오는 동안 무감각해진 것들 중 하나가 뱀 눈초리처럼 되살아나다 다시 무감각해져 갈 때// 실컷 울다가, 무엇 때문에 울고 있는지 잊어버렸을 때// (중략)// 눈 꽉 감고 뛴다."(「개구리가 뛰는 방향을 바꿀 때」) 올무에 발모가지를 끊어냈던 고라니가 봄동 앞에서 잠시 발의 감각이 무디어졌을 때 문득 노인의 기침소리가 아픈 기억을 환기시켜준 것처럼, 울음은 맹목의 존재를 삶의 한복판으로 뛰어오르게 한다.

3
  지금까지 확인한 것처럼, 김유석은 울음의 수사학으

로 이번 시집을 구상한 듯싶다. 그는 우리 삶이 맹목에서 비롯하며, 삶은 울음과 같다는 점을 경고하고 싶었는지 모른다. 발모가지 잘린 고라니의 비극이 선천성 본능에서 비롯하듯, 우리는 때때로 알 수 없는 충동으로 삶을 올무 한가운데로 몰아가는 경향이 있다. 이렇게 자기 영역을 이탈하여 올무를 향해 발을 내딛는 순간 우리는 어떤 경고의 울음과 함께 타자의 영역에 들어서고 만다. 이때부터 존재의 문제가 발생한다. 알다시피 상처는 선천적 운명(자기 영역)으로부터 후천적 기억(타자 영역)으로 건너가는 경계에서 발생한다. 타자를 겪어내는 일은 어떤 식으로든 우리에게 상처를 준다. 그러므로 사는 일은 본질적으로 온몸의 상처를 핥는 일이 되며, 기억하는 일 또한 내상의 후유증을 앓는 일이 된다. 그렇게 우리의 상처는 이유 없는 생의 충동에서 발생하고 느닷없는 삶의 욕망에서 깊어진다.

  1
  한 채의 거미집에 두 마리 거미가 붙어 있다. 거미는 독거의 족속.

  한가운데 꿈쩍하지 않는 놈은 주인이고 주변을 어기적거리는 녀석은,

〈

　거꾸로 매달려 중력을 견디는 놈은 통속한 주인이고

　무엇이 들었는지, 무거운 염낭을 맨 채 허공을 휘청거리는 저 파계승 같으니

　2
　타고나는 것이라 했다.

　집 한 채 뜨지 못하고
　얹혀산다는 것이 얼마나 쓸쓸한 허공인 줄 모르고
　거꾸로 매달려 세상을 볼 줄도 모른 채 이번 생을
드난 온 거미.

　역마 낀 아비가 들러 간 유월, 그 어미는 외로움을 낳았다.

  　　　　　　　　　　　　－「천고天狐-아우」 전문

 이 시에는 "한 채의 거미집에 두 마리 거미"가 동거하고 있다. 김유석은 이 기묘한 동거에서 "한가운데 꿈쩍하지 않는 놈은 주인이고" "거꾸로 매달려 중력을 견디는

놈은 통속한 주인"이라고 명명한다. 그럴 때 주인의 상대가 되는 '통속한 주인'은 정상성을 벗어난 병리적 상태, 이를테면 발모가지를 제 이빨로 끊어내야 했던 고라니와 존재론적 위상이 같다. 그랬기 때문에 '통속한' 주인은 "파계승"이 될 수 있고, "거꾸로 매달려 세상을 볼 줄도 모"르는 맹목이 될 수 있다. 그는 "집 한 채 뜨지 못하고" "드난"을 살면서 타자의 삶에 충동적으로 개입하고, 그러한 충동과 욕망을 "무거운 염낭"에 꽁꽁 싸두기도 한다. 물론 염낭을 틀어쥔 끈이 느슨해지는 순간이 되면, 그는 염낭을 쥐어짜 울음을 흘려보내기도 한다. 그럴 때 울음은 '독거'가 아닌 '동거'의 후천적 기억에서 발생한 것이다. "거미는 독거의 족속"이라는 선천성을 '파계'함으로써 그는 마침내 후천성의 기억을 삶의 방법으로 삼게 된 것이다.

후천성 기억으로 살아가는 통속한 주인은, 시의 부제에서 확인할 수 있듯, "이번 생에 드난 온 거미"이자 "파계승"인 동생이다. 독거의 주체가 동거를 선택하는 순간, 그는 "제 몸을 쥐어트는 가학적인 문양"(「뱀의 문장紋章을 쓰는 가계家系」)이 되는데, 형과 아우가 서로를 틀어쥠으로써 "붉음이 제 몸을 휜"(「유월」) 동거의 기억을 확보하게 된다. 김유석은 그렇게 하나가 된 몸을 "유월"이 낳은 "외로움"이라고 명명한다. 그에 따르면 외로움은 "혼자 살다 가는 이의 유품 같은"것이고, "울음보다 긴 적요를 끌고 다음 생을 건너는"것이고, "쓰다만 유서"와 같은 것이고, "한 번뿐인 생이 여러 번 다녀가듯 혼곤한"(「처서」) 것이다. 다시 말해 외로움은 유일한 삶이 아니라 반복되는 삶의 형식에 속하며, 발 하나를 잃어버린 고라니가 그랬던 것처럼, 후천성의 기억으로 매 순간을 다른 생으로 사는 일이 된다. 따라서 존재의 울음주머니가 터지는 순간이 있다면 우리의 생이 기억을 통해 반복되고 있다는 뜻이리라. '한 번뿐인 생이 여러 번' 반복될 때 '쓰다만 유서' 같은 외로움에 직면하게 되는 것처럼.

김유석은 「序」에서 "살을 섞는 감정이거나/ 한 발을 빼면/ 바닥이 쑤욱 들려 나오는/ 그런 느낌을" 적었노라고 했다. 살을 섞는 감정이 어떤지 그리고 쑤욱 들려 나오는 느낌이 어떤지는 알 도리가 없다. 그러나 그의 시가 그의 감정과 느낌을 충실하게 받아 적었다는 것만은 틀림없다. 그가 받아 적은 목록 속에는 외로움과 울음 같은 것들이 들어 있을 것이라고 짐작해본다. 외로움과 울음에 이끌려 시를 쓰는 김유석에게 감정과 느낌은 삶의 기억보다는 시의 기억이 될 것이다. 그중에서도 '살을 섞'고 그 살로부터 '쑤욱 들려 나오는' 느낌은 김유석만이 받아 적을 수 있는 "감정만 남은 기억"(「까마중」)일 것이다. "섬세하지도 난감하지도 않은 삶의 한가운데"(「미필적 감정」)에서 "꼭 껴안고 앓는 한 몸"(「독」)이 된 "먹먹한 기억들"(「반갑다, 꽃뱀」)을 읽는 일은, 그의 표현을 그대로 옮기자면, "만지작거리다 생긴 물집처럼"(「백혈」) 아프다. 시집 『붉음이 제 몸을 휜다』를 떠받치는 울음과 외로움 저편에 언뜻언뜻 비치는 죽음의 그림자가 보여서일 것이고, 울음과 외로움은 죽음이 흩뿌려놓은 삶의 농간처럼 읽혀서일 것이다.

  외로움과 울음은 오랫동안 서정시의 중요한 모티프가 되어 왔다. 외로움과 울음이 가장 인간적인 삶의 형식에 속하기 때문일 것이다. 외롭기 때문에 우리는 자기를 버리고 타자의 삶 속으로 잠입하게 되고, 그렇게 우리를 향해 엄습해오는 낯선 존재의 표정 앞에서 우리는 삶의 위기를 울음으로 발산한다. 김유석의 시가 자주 울음을 터뜨리는 것은 그만큼 그가 파국의 상황으로 자주 내몰렸다는 뜻이 될 것이고, 그런 만큼 깊은 외로움이 그의 주위를 배회하고 있었다는 의미가 될 것이다. 이번 시집에서 전면적이지는 않지만, 종종 죽음의 징후를 읽어낼 수 있는 것도 어쩌면 같은 맥락에서 일 것이다. 나는 그 징후를 "울음으로 지울 수 없는 적막"(「청연」)이라고 생각한다. 그리하여 김유석은 "떠난 몸에 묻어 있는 볕뉘 긁어모아 남은 이의 적막을 염하는 석양"(「종점」) 같은 시를 계속해서 써나갈 것이다. 그리고 한 편의 시로 기억

되기 위해 그는 오늘도 석양이 걸리는 지평선을 향하여 외롭게 서 있을 것이다.